AF859847

Trez Miège Innocent

IMPÔT-POURRI

JEAN PICOLLEC

47 rue Auguste Lançon – 75013 Paris
Tél. : 01 45 89 73 04 – Fax : 01 45 89 40 72
jean.picollec@noos.fr

Albums de Trez

ABC pour rire, Laffont, 1956
Le langage des feuilles, Horay, 1958
Des pieds et des mains, Pauvert, 1960
Sei Mein, Barmeier und Nikel, 1965
La preuve par Trez, Denoël, 1965
L'Odyssexe, Denoël, avec J.-B. Rossi, 1965
L'Amour de A à Trez, Albin Michel, 1969
Jeux à Trez, Glénat, 1982
Tout va Trez bien, Denoël, 1983
Trez optimiste, Vilo, 1984
Un, deux, Trez, partez, Vilo, 1985
Les idées Trez noires, Le Cherche Midi, 1986
Jamais deux sans Trez, Vilo, 1986
Trez en campagne, Vilo, 1987
enTrez, c'est ouvert, Vilo, 1988
Vive quatre-vingt Trez, La Table Ronde, 1989
Une année Trez chaude, La Table Ronde, 1990
Métroscopie, avec Michel Villeneuve, Le Cherche Midi, 1992
Tout va Trez vite, Jean Picollec, 1992
Trez candidats, Critérion, 1994
Une année Trez vache, Jean Picollec, 1996
Cohabi-Trez, Jean Picollec, 1997
Trez incorrect, Jean Picollec, 1998
En Trez dans l'an 2000, Jean Picollec, 1999
Trez corsé, Jean Picollec, 2000
Treize albums pour enfants, World Publishing et Viking Press aux Etats-Unis

Albums de Miège

Blanc comme Miège, Sicre, 2001
Miège en liberté, Editions de Paris, 2004
Le Parlement, à quoi ça sert ?, avec Roger Karoutchi, Ellipses, 2007
Beaux baux, avec Philippe Seurin, Le Temps des Cerises, 2007
La Commune, à quoi ça sert ?, avec Sébastien Ménard et Olivier Babeau, éditions Eska, 2008

Mise en page : Synonymes, BP 80226, 35602 Redon
Tél. : 02 99 71 83 90 • synonymes@orange.fr

ISBN : 978-2-86477-236-1
© Jean Picollec Éditeur – 2008

La France, terre d'oppression fiscale

La France, terre d'oppression fiscale

?!!
JUSTE UNE PETITE SIGNATURE !
FISC
X
CONTRIBUABLE
Zilge

MON PÈRE,
JE M'ACCUSE
D'AVOIR FRAUDÉ
LE FISC...
FISC

La France, terre d'oppression fiscale

CRIiiiEZ!
LE CRI DU CONTRIBUABLE

On travaille plus de la moitié de l'année pour le fisc

On travaille plus de la moitié
de l'année pour le fisc

On travaille plus de la moitié de l'année pour le fisc

On travaille plus de la moitié de l'année pour le fisc

On travaille plus de la moitié de l'année pour le fisc

Taxes en stock

Taxes en stock

ÉCOLO BRASSANT DU VENT
BLA
BLA
BLA
ÉOLIENNE
Tignous

Taxes en stock

Taxes en stock

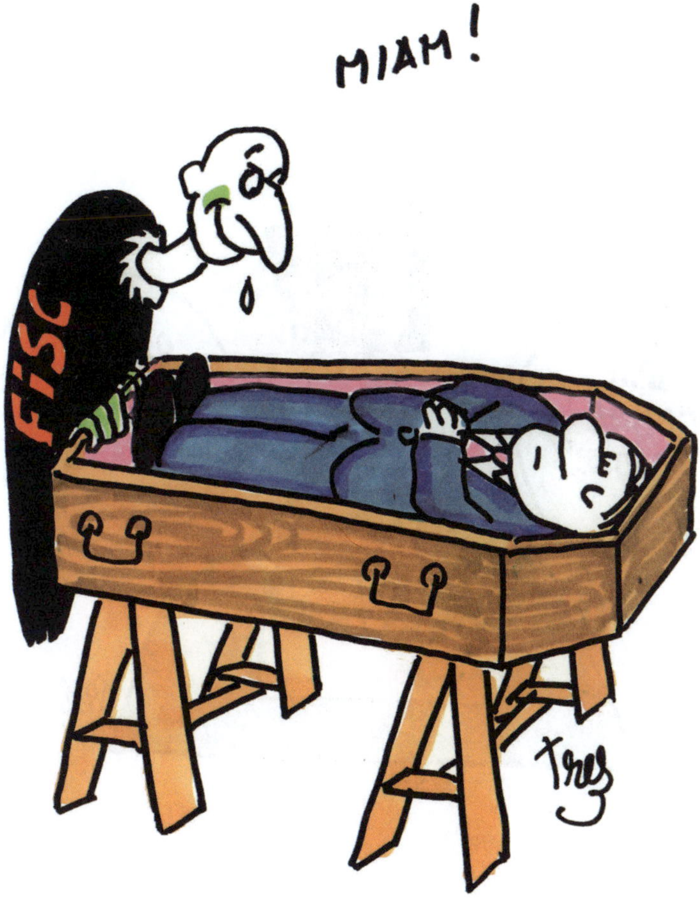

Droits de succession.

ISF : Incitation à Sortir de France

ISF : Incitation à Sortir de France

ISF : Incitation à Sortir de France

ISF : Incitation à Sortir de France

Dépense publique : prodigalité,
irresponsabilité, opacité

Dépense publique : prodigalité, irresponsabilité, opacité

Dépense publique : prodigalité, irresponsabilité, opacité

Dépense publique : prodigalité, irresponsabilité, opacité

Dépense publique : prodigalité, irresponsabilité, opacité

Dépense publique : prodigalité, irresponsabilité, opacité

Gaspillages en tous genres

Gaspillages en tous genres

QUEL BEAU FEU D'ARTIFICE !
OUI, C'EST VOTRE ARGENT !
DEPENSES LOCALES
Zilgl

Gaspillages en tous genres

Les contribuables paient aussi les pots-de-vin

Les contribuables paient aussi les pots-de-vin

Une fonction publique privilégiée : obésité, inégalité, RTT

Une fonction publique privilégiée :
obésité, inégalité, RTT

Une fonction publique privilégiée : obésité, inégalité, RTT

Une fonction publique privilégiée : obésité, inégalité, RTT

Une fonction publique privilégiée :
obésité, inégalité, RTT

*Une fonction publique privilégiée :
obésité, inégalité, RTT*

Une fonction publique privilégiée : obésité, inégalité, RTT

Une fonction publique privilégiée : obésité, inégalité, RTT

Éducation nationale : zéro pointé !

Éducation nationale : zéro pointé !

Éducation nationale : zéro pointé !

Éducation nationale : zéro pointé !

Syndicats : nos impôts paient leurs grèves

Syndicats : nos impôts paient leurs grèves

Bernard Thibault.

Syndicats : nos impôts paient leurs grèves

Syndicats : nos impôts paient leurs grèves

Syndicats : nos impôts paient leurs grèves

Syndicats : nos impôts paient leurs grèves

RAS-LE-BOL !
GRÈVE

Ici on rase gratis

Ici on rase gratis

LA BAISSE SE CONFIRME !
COÛT DE L'IMMIGRATION

Ici on rase gratis

Associations lucratives sans but

Associations lucratives sans but

Associations lucratives sans but

Associations lucratives sans but

Trou de la Sécu : un puits sans fond

Trou de la Sécu : un puits sans fond

L'Europe-providence coûte cher au contribuable

L'Europe-providence coûte cher au contribuable

Complexité administrative :
une spécialité française

Complexité administrative :
une spécialité française

Assemblée nationale :
la chasse gardée des fonctionnaires

Assemblée nationale :
la chasse gardée des fonctionnaires

Assemblée nationale :
la chasse gardée des fonctionnaires

Assemblée nationale :
la chasse gardée des fonctionnaires

Assemblée nationale : la chasse gardée des fonctionnaires

...et on les recase !
Le parachute doré des fonctionnaires.

Le Conseil Économique et Social :
les fromages de la République

Le Conseil Économique et Social : *les fromages de la République*

Le Conseil Économique et Social :
les fromages de la République

Le Conseil Économique et Social :
les fromages de la République

A *quoi sert la* Cour des Comptes ?

A *quoi sert la Cour des Comptes ?*

A quoi sert la Cour des Comptes ?

L'homme qui promet
plus vite que son ombre

L'homme qui promet
plus vite que son ombre

L'homme qui promet plus vite que son ombre

L'homme qui promet plus vite que son ombre

L'homme qui promet plus vite que son ombre

COMITÉ THÉODULE
QUI SOMMES-NOUS ?
QUE FAISONS-NOUS ?
OÙ ALLONS-NOUS ?
QUAND EST-CE QU'ON MANGE ?

MON RAPPORT C'EST DU SÉRIEUX !
ATTALI

L'État gamberge

L'État gamberge

Jacques Attali.

Comme toujours, les contribuables trinquent

Bernard Tapie.

Comme toujours, les contribuables trinquent

PAS D'PANIQUE JE GÈRE VOTRE RETRAITE !
C'EST ÇA LE PROBLÈME !
ÉTAT
Zilge

Comme toujours, les contribuables trinquent

Achevé d'imprimer en décembre 2008
sur les presses de la Nouvelle Imprimerie Laballery
58500 Clamecy
Dépôt légal : décembre 2008
Numéro d'impression : 812140

Imprimé en France

La Nouvelle Imprimerie Laballery est titulaire de la marque Imprim'Vert®

Le Cri du Contribuable

Le *Cri du Contribuable* paraît un samedi sur deux.
On le trouve quatre fois par an en kiosque.
Il est disponible par abonnement :
– par téléphone au 01 42 21 16 24
– par internet sur www.lecri.fr
par courrier : 22 rue René-Boulanger, 75482 Paris CEDEX 10